EL MOSAICO AMERICANO
La inmigración hoy en día

Los refugiados

Sara Howell

Traducido por Esther Sarfatti

PowerKiDS
press.

New York

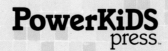

Published in 2015 by The Rosen Publishing Group, Inc.
29 East 21st Street, New York, NY 10010

First Edition

Editors: Jennifer Way and Norman D. Graubart
Book Design: Andrew Povolny
Photo Research: Katie Stryker

Photo Credits: Cover John Moore/Getty Images News/Getty Images; pp. 4, 9 Stringer/AFP/Getty Images; p. 5 Paula Bronstein/Getty Images News/Getty Images; p. 6 Michel Setboun/Hulton Archive/Getty Images; p. 7 pablographix/iStock/Thinkstock; p. 10 Stuart Monk/Shutterstock. com; p. 11 Sixninepixels/Shutterstock.com; p. 12 Kevin Weaver/Hulton Archive/Getty Images; p. 13 David Sacks/Digital Vision/Thinkstock; p. 14 James Steidl/Shutterstock.com; p. 15 Blend Images - Hill Street Studios/Brand X Pictures/Getty Images; p. 16 Charles Taylor/Shutterstock. com; p. 17 Steve Heap/Shutterstock.com; p. 18 Mark Ralston/AFP/ Getty Images; p. 19 Dbvirago/iStock/Thinkstock; p. 20 Jupiter Images/ Stockbyte/Thinkstock; p. 21 George Jones III/Photo Researchers/Getty Images; p. 22 Nick White/Photodisc/Thinkstock.

Publisher's Cataloging Data

Howell, Sara.
Los refugiados / by Sara Howell, translated by Esther Sarfatti — first edition.
p. cm. — (El mosaico americano: la inmigración hoy en día)
Includes index.
In Spanish.
ISBN 978-1-4777-6818-1 (library binding) — ISBN 978-1-4777-6817-4 (pbk.) — ISBN 978-1-4777-6815-0 (6-pack)
1. Immigrants—United States—History—Juvenile literature. 2. United States—Emigration and immigration—History—Juvenile literature. 3. Citizenship—United States—Juvenile literature. I. Howell, Sara. II. Title.
JV6450.H69 2015
323.6—d23

Manufactured in the United States of America

CPSIA Compliance Information: Batch #WS14PK1: For Further Information contact Rosen Publishing, New York, New York at 1-800-237-9932

Contenido

¿Quiénes son refugiados?

Cada año mucha gente se muda a Estados Unidos y a otros países en busca de una vida mejor. Algunos se mudan para encontrar trabajo o para estar cerca de sus familias. Estas personas se llaman **inmigrantes**. Hoy en día hay unos 40 millones de inmigrantes en Estados Unidos.

Los haitianos en este barco reciben ayuda del servicio de guardacostas. Cuando lleguen a Estados Unidos, se les considerará refugiados.

Estas personas son refugiados de Sudán. Viven en un país llamado Sudán del Sur, pero algunos de ellos emigrarán a otros países.

Algunas personas deben abandonar sus países natales por otras razones. A las personas que dejan atrás su país de origen en busca de un lugar más seguro se les llama **refugiados**. Cada año reciben permiso a vivir en Estados Unidos más de 70,000 refugiados. Muchos de ellos vienen de países como Irak, Birmania y Bután.

Un viaje peligroso

La gente de este barco escapó de Vietnam. Los refugiados vietnamitas se establecieron en Estados Unidos, Canadá, Australia y otros países.

Los refugiados salen de sus países porque temen por su seguridad. A menudo deben huir rápidamente y abandonar sus hogares, dejando muchas cosas atrás. Los refugiados buscan otro país o gobierno que les dé protección o **asilo**. En la década de 1970, al acabar la Guerra de Vietnam, mucha gente de ese país temía por

su seguridad. El gobierno vietnamita mandó a los que no estaban de acuerdo con el sistema, a campos de prisioneros. Para muchos, la única manera de escapar de Vietnam era en barco. Estados Unidos dio asilo a más de 800,000 refugiados vietnamitas. En años recientes, la mayoría de los refugiados en Estados Unidos ha venido de Irak, Bután y Birmania.

Algunos refugiados toman un vuelo a Estados Unidos. A veces el gobierno estadounidense los ayuda a escapar de su país de origen en avión.

En busca de asilo

La gente busca asilo por muchas razones. Pueden haber sido **perseguidos** o atacados por su raza o creencias. Pueden temer ser perseguidos en el futuro. En algunas partes del mundo se persigue a las personas por sus creencias políticas. Otras están en peligro por su religión.

No reciben permiso para vivir en Estados Unidos todos los que buscan asilo. Se podría considerar **inadmisible** a una persona que ha tenido problemas con la ley o si tiene ciertos problemas de salud. El gobierno de Estados Unidos también puede denegar asilo a personas consideradas peligrosas para el país.

Estas personas egipcias asisten a un servicio religioso de Navidad. A veces los cristianos son perseguidos en Egipto, por lo que solicitan asilo en Estados Unidos.

La solicitud de asilo

El primer paso para pedir asilo es obtener una **referencia** para el Programa de Admisiones de Refugiados de Estados Unidos (cuyas siglas en inglés son USRAP). La gente referida por el Alto Comisionado de las Naciones Unidas para los Refugiados o por una embajada estadounidense tiene **prioridad** sobre otros solicitantes.

Este es el edificio de las Naciones Unidas en la ciudad de Nueva York. Las Naciones Unidas ha ayudado a millones de refugiados a encontrar asilo en otros países.

Antes de conceder asilo a las personas, la oficina de USCIS tiene que completar mucho papeleo e investigación.

También se da prioridad a los solicitantes con familia en Estados Unidos.

Una vez referida al USRAP, la persona que busca asilo recibirá ayuda para rellenar la solicitud. Esta solicitud también puede incluir a la pareja del solicitante y a sus niños solteros menores de 21 años. A continuación, el solicitante será entrevistado por un oficial del Servicio de Inmigración y **Ciudadanía** de Estados Unidos (cuyas siglas en inglés son USCIS).

La llegada a Estados Unidos

Una vez aprobada la solicitud de asilo de una persona, ésta ya tiene permiso para venir a Estados Unidos. Los refugiados reciben **préstamos** para ayudarlos a pagar el viaje. También se les hace una revisión médica y reciben ayuda para encontrar un doctor si tienen problemas de salud.

A menudo los refugiados huyen de lugares donde no hay buena atención médica. Los médicos en Estados Unidos pueden darles consejos de cómo mantenerse saludables en su nuevo país.

Encontrar un lugar donde vivir puede ser difícil al mudarse a un nuevo país. *Mercy Housing* es una organización que trabaja con la oficina de ORR para encontrar viviendas para los refugiados.

Una parte del gobierno estadounidense llamada la Oficina de Reestablecimiento de Refugiados, o ORR, trabaja estrechamente con los refugiados. Ayuda a los refugiados recién llegados a aprender cosas sobre Estados Unidos. Los ayuda a asentarse en zonas que tengan los servicios necesarios. También ayuda a los refugiados a encontrar trabajo y conocer acerca de los beneficios que tienen a su disposición.

Los derechos de los refugiados

La Constitución contiene la Carta de Derechos. La Carta de Derechos enumera algunos de los derechos más importantes que tienen los estadounidenses.

En cuanto llegan a Estados Unidos, los refugiados tienen muchos derechos importantes. Un derecho es algo que la gente debería poder hacer. Los refugiados disfrutan de una gran parte de los derechos enumerados en la **Constitución** de Estados Unidos. Estos incluyen el derecho de practicar la religión que ellos elijan y de poseer tierras. Los refugiados tienen el derecho de obtener una educación, ser dueños de un negocio y elegir donde vivirán.

Como todo el mundo en Estados Unidos, los refugiados están protegidos por las leyes del país. Eso significa que no está permitido hacerles daño o robarles solo por el hecho de que sean refugiados.

Puedes hablar con los agentes de policía sobre tus derechos como refugiado en Estados Unidos. Los agentes conocen las leyes estadounidenses.

Trabajar y viajar

Los refugiados tienen el derecho de buscar trabajo tan pronto llegan a Estados Unidos. Ciertos formularios demuestran a las empresas que un refugiado tiene permiso para trabajar. Muchos refugiados comienzan sus propios negocios y crean puestos de trabajo para otros trabajadores estadounidenses.

Tienes que ser ciudadano estadounidense para obtener un pasaporte. Por eso, los refugiados deben conseguir un documento especial si quieren viajar fuera de Estados Unidos.

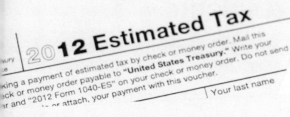

2012 Estimated Tax

Making a payment of estimated tax by check or money order. Mail this check or money order payable to "United States Treasury." Write your check or money order Form 1040-ES" on your check or money order. Do not send or attach, your payment with this voucher.

Your last name

1040 Department of the Treasury—Internal Revenue Service (99)
U.S. Individual Income Tax Return **2012** OMB No. 1545-

For the year Jan. 1–Dec. 31, 2012, or other tax year beginning , 2012, ending , 2

Your first name and initial   Last name

If a joint return, spouse's first name and initial   Last name

Home address (number and street). If you have a P.O. box, see instructions.

City, town or post office, state, and ZIP code. If you have a foreign address, also complete spaces below (see instructions).

Foreign country name   Foreign province/county

ing Sta

Esta es una declaración de impuestos del gobierno de Estados Unidos. Como todos los trabajadores estadounidenses, los refugiados pagan impuestos sobre el dinero que ganan.

Los refugiados tienen el derecho de moverse libremente por Estados Unidos. Muchos se mudan a nuevas ciudades para encontrar trabajo o estar más cerca de sus familiares. Si un refugiado quiere viajar a otros países, debe obtener un documento especial del gobierno estadounidense que le permita visitar otros países y regresar legalmente a Estados Unidos.

De refugiado a residente

A veces los problemas que llevaron a un refugiado a irse de su país de origen se solucionan y el refugiado puede volver a casa. Sin embargo, a menudo los refugiados viven el resto de sus vidas en el lugar donde se reasientan. En Estados Unidos, los refugiados deben hacer una solicitud para convertirse en **residentes permanentes** después de vivir aquí durante un año.

Estos refugiados filipinos se van de un campamento de refugiados en Tacloban, Filipinas. Algunos pedirán asilo en Estados Unidos.

A veces los refugiados comienzan negocios donde venden productos de sus países de origen. Esto a menudo los ayuda a sentirse más cerca de su hogar.

Para convertirse en residente permanente, un refugiado debe mandar una solicitud al gobierno de Estados Unidos. Esta solicitud incluye varios formularios y documentos, así como dos copias de una fotografía reciente. Cada miembro de la familia debe rellenar una solicitud por separado.

El camino a la ciudadanía

Después de vivir como residente permanente durante cinco años, los refugiados pueden solicitar la ciudadanía estadounidense. La ciudadanía viene con muchos derechos y responsabilidades. Un derecho importante del que solo disfrutan los ciudadanos es el derecho de votar en las elecciones. Las elecciones permiten a los ciudadanos elegir a las personas que servirán en el gobierno de Estados Unidos.

Para solicitar la ciudadanía, es necesario pasar un examen. Leer libros sobre cómo funciona el gobierno de Estados Unidos puede ayudarte a obtener buenos resultados en el examen.

Estas personas participan en una ceremonia de naturalización. Después de prometer defender a Estados Unidos, ¡se convertirán en ciudadanos!

Para solicitar la ciudadanía, los residentes permanentes deben rellenar una solicitud. Se hará una verificación de su historia y de sus antecedentes. También se les hará una entrevista para comprobar que pueden leer, hablar y escribir inglés y que entienden cómo funciona el gobierno de Estados Unidos.

El mosaico americano

Los refugiados dejan sus hogares en busca de seguridad y protección. Venir a Estados Unidos les brinda la oportunidad de comenzar una nueva vida. Poco después de su llegada, la mayor parte de los refugiados se convierten en miembros activos y contribuyentes de sus comunidades.

A veces se describe a Estados Unidos como un **mosaico**, una imagen que se hace encajando muchas piezas pequeñas para crear una obra de arte más grande. Cada día, ¡ciudadanos, inmigrantes, refugiados y muchas personas más se unen para crear y disfrutar de la cultura de su país!

Todos los estadounidenses tienen algún antepasado que llegó de otro país, ¡así que todos podemos entender hasta cierto punto la experiencia de los refugiados!

Glosario

asilo Protección ofrecida por un país a personas perseguidas.

ciudadanía El derecho legal a vivir para siempre en un país determinado.

Constitución Las reglas básicas según las cuales se gobierna en Estados Unidos.

inadmisible Algo que no se puede admitir o aceptar.

inmigrantes Personas que se mudan de su país a otro país.

mosaico Una imagen que se forma encajando piezas pequeñas de piedra, cristal o cerámica y pegándolas.

perseguidos Atacados por ser de determinada raza o tener determinadas creencias.

préstamos Dinero que se le da a la gente y que hay que devolver luego.

prioridad Estatus preferente que permite a alguien conseguir algo de forma más rápida.

referencia El acto oficial de dirigir a alguien a un lugar donde puede conseguir ayuda.

refugiados Personas que dejan sus países en busca de seguridad.

residentes permanentes Personas que no son ciudadanos pero que tienen derecho a vivir y trabajar en un país para siempre.

Índice

Sitios de Internet

Debido a que los enlaces de Internet cambian a menudo, PowerKids Press ha creado una lista de los sitios Internet que tratan sobre el tema de este libro. Este sitio se actualiza con regularidad. Por favor, usa este enlace para ver la lista:
www.powerkidslinks.com/mosa/refug/